L'AVENTURE DE

NOTRE PREMIÈRE MAISON

Écrit par Mumtaz Jivraj

L'AVENTURE DE NOTRE PREMIÈRE MAISON:

Comment Charlie et Théo ont acheté leur première maison

Comment Charlie et Théo ont acheté leur première maison

L'AVENTURE DE NOTRE PREMIÈRE MAISON

Aux lecteurs,

J'espère que ce livre vous parviendra avec espoir et excitation pour votre avenir, en sachant que tout est possible si vous vous entourez des bonnes personnes.
Le savoir est la liberté.

Un message sincère à mes chers enfants,

Alors que je réfléchis à mes nombreuses années dans l'industrie immobilière, je suis ravi de partager avec vous les leçons que j'ai apprises sur la persévérance, la vision et le succès. Ce livre sert de guide et d'inspiration pour poursuivre vos rêves. Je tiens à vous rappeler qu'avec de la détermination, vous pouvez tout accomplir. Ce livre ne concerne pas seulement l'achat d'une maison, mais la création d'une liberté financière et d'un avenir dont vous pouvez être fiers. Je dédie ce livre à vous avec tout mon amour, et j'espère qu'il éclairera votre chemin vers la grandeur.

Mon incroyable époux,

Tu es un pilier dans tous les sens du terme, toujours là pour m'encourager dans mes rêves les plus fous et mes ambitions. Tu es mon inspiration constante, mon meilleur ami fidèle. Merci d'être mon âme sœur et mon tout.

Charlie, une chatte astucieuse, a économisé tout son argent d'anniversaire. Un jour, elle a eu une idée lumineuse : investir dans l'immobilier !

Excitée, Charlie appela son meilleur ami Théo, un chien compétent qui aimait réparer les choses. Elle lui fit part de son plan d'acheter une maison qu'ils pourraient rénover ensemble.

"Devenons partenaires," suggéra-t-elle.

Théo était ravi !

Ensemble, ils ont commencé leur recherche sur l'ordinateur, à la recherche de la maison parfaite.

Se sentant un peu confus par tous les choix, ils ont décidé d'appeler Emma, l'agente immobilière, une lapine intelligente et amicale.

Emma répondit avec un saut et un sourire, impatiente d'aider ses amis. Avec les conseils experts d'Emma, ils ont rapidement commencé à visiter des maisons correspondant à leur budget.

Après quelques visites, ils l'ont trouvé : une maison chaleureuse à rénover dans un quartier convivial. Elle avait besoin de travail, mais Théo et Charlie en ont vu le potentiel et ont été très excités.

Emma a sautillé jusqu'à son bureau pour faire une offre, en s'assurant que c'était dans le meilleur intérêt de Charlie et Théo.

L'offre a été acceptée ! Mais d'abord, ils ont eu besoin d'une inspection. C'est là que Liam l'Ours, un inspecteur immobilier méticuleux, est intervenu pour vérifier la maison.

Avec le rapport de Liam entre leurs pattes, Charlie et Théo savaient exactement ce qui devait être réparé. Se sentant confiants, ils ont passé à l'étape suivante : rendre visite à la banque.

À la banque, ils ont rencontré Lucas le Renard, qui en sait beaucoup sur l'argent. Lucas leur a montré la meilleure façon de payer leur maison, facilitant ainsi leur compréhension.

Avec l'inspection passée et le prêt hypothécaire réglé, il était temps de rendre les choses officielles. Ils ont signé les documents chez le notaire, excités par leurs nouvelles clés pour la nouvelle aventure qui les attendait.

Avec les papiers en ordre, Théo s'est mis directement au travail.

Il a peint et réparé, transformant la maison en une maison de rêve.

Après beaucoup de travail acharné, la maison était enfin prête. Assis sur leur porche, sirotant de la limonade, Charlie et Théo se sentaient fiers.

"Grâce à nos amis experts, notre rêve est devenu réalité," dit Charlie.

"Demandez de l'aide rend les grands rêves possibles," ajouta Théo.

Ils sourirent, reconnaissants pour le travail d'équipe et la magie de demander de l'aide aux bonnes personnes.

FIN

Dessine ta maison de rêve

Combien prévois-tu d'économiser à chaque anniversaire pour ta future maison ?

5 $, 10 $ ou plus ?

____

"Si tu peux le rêver, tu peux le faire."

-Walt Disney

"La détermination rend les rêves réalisables."

-Kobe Bryant

"Pensez GRAND. Il n'y a aucune raison de penser petit."

"Multipliez les actions par 10, multipliez les objectifs par 10, et vous obtiendrez tout ce dont vous avez jamais rêvé."

-Grant Cardone

Mumtaz Jivraj

COURTIER IMMOBILIER

Ce livre, "L'aventure de notre première maison", est un travail de passion et de créativité, où l'histoire et les idées fondamentales sont uniquement l'œuvre de Mumtaz Jivraj. Des parties du texte ont été développées avec l'aide de ChatGPT, et les illustrations ont été créées à l'aide de DALL·E, deux outils d'intelligence artificielle développés par OpenAI. Leur utilisation a été essentielle pour donner vie à certains concepts et visuels, améliorant le récit élaboré par l'auteur. L'histoire, les personnages et les messages sous-jacents restent la propriété intellectuelle de Mumtaz Jivraj.

COURTIER IMMOBILIER

MUMTAZ JIVRAJ

Manufactured by Amazon.ca
Acheson, AB